AF351640

Alas en el corazón
VIVENCIAS MILITARES
Poesía

Cristian Moreno

EDIQUID

DEDICATORIA

A Dios, nuestro creador, a mi abuelita,
mi padre y hermano, que se encuentran en
un lugar muy especial junto a Dios.

A mi madre Margarita, a la mujer de
mi vida, a mi hija, a mis hermanos, a mi
familia entera, que me brindaron amor,
paciencia y sacrifico colectivo, siendo el eje
principal en el que me apoyé para concebir
este libro, entender que nada llega fácil y
que todo sueño se alcanza en la vida con
esfuerzo, tenacidad y perseverancia.

¡Cómo olvidar a mi FUERZA AÉREA
ECUATORIANA! La cual me ha visto crecer
como profesional militar, gracias
por ser una institución compuesta por seres
impolutos de corazón.

PRÓLOGO

Alas en el corazón es un poemario escrito por el Mayor Cristian Fabricio Moreno Proaño que engloba el sentir patrio de una persona dedicada, por completo, al servicio de su nación. La poesía de Moreno Proaño resalta su vocación militar, profesión que el mismo autor define como un «estado del alma y de la mente», una sensación de plenitud que no encuentra las palabras concretas para definirse.

Este volumen recoge esta pasión temática: la vida del que sirve y que está dispuesto a arriesgarse «para que otros puedan vivir». En sus páginas deambulamos por el significado íntimo de la «Patria», siempre en mayúscula; del uniforme «que no le distingue» pues «es como su piel»; de los compañeros que representan a amigos y hermanos invaluables o de la misma bandera, que es «insignia victoriosa».

La voz poética también recurre a la anécdota para ensalzar la valentía de los soldados, de los combates que han protagonizado y cómo el sacrificio, el coraje y el honor se hacen tangibles en su accionar. De igual manera, recurre a la imagen familiar para mostrar el arduo compromiso que se tiene tanto con la patria como con la familia.

Las imágenes de Moreno si bien giran en un mismo eje, hacen un paseo por un sentir interno potente, que puede conmover a quien haya estado en su misma posición y que traspasa cualquier frontera geográfica. El sentimiento de ser militar, lo que engloba, es universal, aunque está extremadamente vinculado a las emociones que la nación misma evoca.

Álvaro Rafael
Diréctor Editorial

LA PATRIA

Siete letras son mi vida,
siete letras mi ilusión,
una sola gran palabra
es mi Patria el Ecuador.

Cuando fui pequeño aprendí,
en la escuela a estudiar,
el significado de la Patria
en mí se avivaba más.

A tan solo 19 años
yo ya fui un militar,
y de la clase de civismo
a la milicia, mi fervor patrio
se llegó a consolidar.

La Patria es como mi madre
a quien debo respetar
porque aquí yo he nacido
como ecuatoriano de verdad.

Me di cuenta ciertamente
que Patria no sólo debo pronunciar,
yo soy un ecuatoriano
y Patria la hago al practicar.
Y cómo practicar...

Es de verdad sencillo,
no busco mis intereses,
sino más bien
los de toda nuestra sociedad.

No debo parecer,
más bien debo ser:
Custodio de un legado
que como ecuatoriano
a mí se ha entregado.

Mi Patria es muy diversa:
tiene costa, sierra, oriente
y cómo olvidar
nuestra hermosa región insular.

Tiene montes, lagos, ríos,
y lagunas ¡qué verdad!
Los volcanes dan presencia
de una tierra de empuje,
de hombres de verdad.

Es hermosa su riqueza,
la flora y fauna ni qué imaginar.
Dios ¿por qué tanta belleza
a mi Patria
has venido a dejar?

Cómo no voy a amarla
con tanta diversidad,

porque acoge a gente amable
Ecuatorianos, en cualquier lugar.

Frente a toda esta hermosura,
de una Patria sin igual,
pues ahora me doy cuenta,
siendo todo un militar:
mi deber es mucho más.

Mi sueño anhelado
es que todos en mi sociedad
se den cuenta de verdad
que todos, podemos a nuestra Patria:
Querer, defender y respetar.

MI BANDERA

Tricolor maravilloso,
hoy por hoy soy orgulloso,
De sentir tu cobijo
y vibrar por ser tu hijo.
Soy soldado de mi Patria
convencido de tu contenido:
Amarillo, azul y rojo
Por ello he vivido.

Tú,
seda ondulante de honor y de hidalguía
protege a nuestro pueblo cada día.
El esfuerzo de tus hijos,
como siempre es lo mejor,
es la insignia victoriosa
de mi Patria el Ecuador.

¡Oh! bandera de mi Patria,
tus colores son respeto abnegado
porque cada día de mi vida,
recuerdo lo que la historia
de su significado,
a mí me ha enseñado.

El amarillo representa
la riqueza de nuestro suelo,
El azul se engalana,

con la pureza de nuestro cielo
Y el rojo, su color,
representa nuestra sangre,
derramada con honor.

Mi bandera, yo prometo,
defender y respetar,
esto es parte de mi código de honor
y lo hago con orgullo
¡Porque soy un militar!

SOY MILITAR

Todo lo que en mi vida he anhelado
hoy tengo ya la oportunidad
de servir a mi Patria con lealtad,
coraje, honor y verdad.

Sentirme orgulloso de que soy ecuatoriano
y de ser soldado lo estoy aún más.
Soldado de Fuerzas Armadas,
soldado cuyo emblema es la paz.

Con Dios y con la Patria[1],
ese es mi lema, es verdad.
Vencer y gloria no puedo olvidar
porque la muerte puedo encontrar.

Mi Patria es lo primero,
como a mi madre la respetaré,
eso lo llevo por dentro
y un soldado seré.

---

1. Lema del Comando Conjunto de las Fuerzas Armadas

ORGULLOSO DE SER MILITAR

Cada día de mi vida
recuerdo aquel día,
en que, aún siendo joven,
la milicia ya era mi vida.

El ímpetu a cuestas
 no era fácil dejar,
esa era la impaciencia que tenía
 por ser un militar.

Ya vestido de uniforme
el juramento no puedo olvidar:
A mi Patria y a mi pueblo
 todo mi esfuerzo le voy a brindar.

Acepto con orgullo
el legado a mí entregado,
siempre miro hacia delante
por mi pueblo respaldado.

Soy militar no solo por devoción
también por convicción.
La entrega a mi carrera,
la hago con amor y decisión.

Cuando amarro mis botas, cada día,
pienso siempre con alegría
el juramento que acepté
 y así renuevo mi pacto con ufanía.

Mi uniforme no me distingue,
es como mi piel,
siempre está conmigo, donde sea,
porque ecuatoriano jamás dejo de ser.

A mi Patria debo amar y cuidar
y por aquello
¡Estoy orgulloso de ser militar!

TARQUI, JAMBELÍ Y CENEPA

No importa de qué rama armada yo sea
o cómo la gente a mí me vea,
lo importante es el contenido
y por lo siguiente lo digo.

Sea en el aire, en la tierra o en el mar,
A la Patria los tres saben cuidar.

Son diferentes en sus especialidades
a simple vista definidas:
El color plomo, el azul y el negro,
unidos por un mismo instinto:
Salvar a la Patria.

Defender la integridad y soberanía nacional.
Lo demostraron en forma excepcional
en las contiendas que voy a recordar.

En Tarqui,
el Ejército lo hizo
y entregó su vida en la **TIERRA**, con sacrificio.

En Jambelí,
 la Marina venció,
mostró el coraje y en el **MAR,** así se evidenció.

En el Cenepa,
la Aviación, el honor rebasó,
y la supremacía del **AIRE** alcanzó.

Gloria, gloria al Ejército nuestro[2],
siempre al rumbo la noble Marina[3],
compañeros del Cóndor Andino[4].

Tres coros distintos,
tres distintas victorias,
tres Fuerzas en acción,
fuertes en su devoción y convicción,
lo hicieron por siete letras
lo hicieron con gran pasión.
Es la entrega abnegada
que hizo grande a nuestro Ecuador.

---

2. Primer verso del Himno de la Fuerza Terrestre.
3. Primer verso del Himno de la Naval.
4. Primer verso del Himno de la Fuerza Aérea.

LA MADRE DEL MILITAR

Recuerdo el deseo de mi madre
este fue muy especial:
Quiero que seas cura
o que aprendas vidas a salvar.

El deseo de toda madre
 sea cual fuese el destino,
es la pura felicidad en nuestro camino.

Sin sospecharse mi asombrada madre
la noticia le hice llegar:
Madre, he decidido ser militar.

Militar como mi padre,
su nombre quiero honrar,
militar como mi hermano,
su ejemplo quiero imitar.

Con tremenda sorpresa a cuestas
volvió a recordar:
Cómo lo puede olvidar,
si fue la esposa de un militar.

Su apoyo como madre fue incondicional,
hizo de mi vida en la milicia,

que de mis experiencias ame mucho más
el ser todo un militar.

Noches de desvelo
tuvo que pasar,
ya que la distancia apremiaba
y su angustia la hacía sufrir más.

No sabía muchos detalles
sobre la formación,
pero sólo imaginaba
lo duro de mi profesión.

Bendiciones me enviaba por cartas
y en mi alma las guardaba.
Por teléfono me decía «ponle ganas»
y así mi vida avanzaba.

Madre, adoro tu constancia,
que me diste al iniciar,
tu respaldo como amiga y confidente
en todo mi trajinar como militar.

Días de visita
se veían llegar,
ya viene mi familia y
de seguro mi madre orgullosa de mí va a estar.

Así pasaron cuatro años
de constante caminar,

en mi escuela y en mi ser,
mi madre nunca dejó de estar.

Siempre preocupada
de ser madre por igual
para mis hermanos en casa
y para su hijo el militar.
Llegó el día tan anhelado:
la esperada graduación.
El deseo fue alcanzado
y mi madre se enorgulleció.

Felicitaciones recibí
por muchos en ese día
y la bendición yo quería
para consagrar, ahora,
 mi nueva vida.

Mi milicia comenzaba y
gracias a mi madre la alcancé.
Ahora soy lo que quería,
Militar de mi Patria querida.

¡Muchas gracias, madre mía!
Por lo que hiciste en tu momento:
sacrificio y esfuerzo
hoy se funden por completo.

Tu abnegación y dedicación
hoy las honro con amor.

Mujer de mi vida
Siempre te he de amar,
gracias por ser la madre
de este militar.

PADRE MILITAR

Nuestra vocación tiene una condición
basada en la disciplina,
esa es su razón
y aceptamos desde el inicio
la condición de mi profesión.

Soy ser humano y militar de profesión.
No debo quebrantar las reglas,
El Capitán nos aconseja,
la guardia me espera
pero algo me desespera.

Mi corazón late
y quiere salir de su lugar
¿Qué pasa? Algo dentro de mí se escapa;
Proaño 4to. Polvorín le toca,
el subalterno grita en la guardia.

Mi celular sonó, mi esposa llamó,
su voz quebrantada me alertó.
«Mi hijo está enfermo; mi Capitán»
permiso hablo con usted.
Proaño, hable:
«Mi hijo está enfermo
Me acabo de enterar».

«Solicito cambiar la guardia, mi Capitán
Mi hijo me necesita y a su lado debo estar».
«Negativo, en su guardia se va a quedar».
«Mi Capitán, nunca he faltado a mi deber
y por mi libro de vida lo debe saber usted.

Ahora soy un padre desesperado
el ser militar debo dejar de lado,
 a mi hijo quiero brindar mi cuidado».
«Negativo, permiso no concedido».

La orden del Capitán desobedecí
y la guardia no cumplí,
del cuartel yo me escapé
y a mi hijo muy enfermo encontré.

Pude atenderle,
el ser padre fue más fuerte.
No siento remordimiento
por mi indisciplinado comportamiento.
La regla quebranté,
y como soldado
el castigo yo acepté.

La disciplina es mi deber,
ser padre también lo es.
No debemos pensar solo como soldados
esto yo lo he experimentado.

Acepto, soy militar disciplinado,
pero también puedo ser
un padre desesperado;
y el castigo tiene que ser
con resignación aceptado.

LA ESPOSA DEL MILITAR

El militar tiene un gran don
querer a su uniforme con gran pasión.
El sentimiento puro para su Patria
que le da su profesión.
No hace falta solamente
el gran don ya mencionado,
le hace falta el complemento
de una mujer a su lado.

No se crea que para el militar
su motor principal es solo el amor patrio,
porque tiene un empuje adicional
que es la mujer que lo acompaña al andar:
Ella es la esposa del militar.

Ella está en todo momento,
en cualquier lugar,
ella incluso parece militar.

Porque su abnegación y entrega
ningún otro puede igualar,
soporta las guardias, las campañas
e incluso hasta el pase militar.
¡Oh!, Dios mío, ¡qué gran paciencia!
¡Oh!, Dios mío, ¡qué gran pasión!

por lo que ella tiene,
te pido le des tu bendición.

Es la esposa del militar,
te agradezco mi Dios,
porque tú me dejas
con ella siempre estar.

Nunca la alejes de mi lado,
ella es la mujer ideal,
está al pie del cañón
como decimos en la cultura militar.

Cuando alejados estamos,
por mi trabajo me debo ausentar,
la familia no desmaya,
gracias a su guía y gran pasión,
porque ella más que el militar,
se entrega con devoción
y también por convicción.

Dios mío, protégela en todo momento,
porque en caso que yo deba faltar
y mi cuerpo no deba estar,
estoy seguro que ella,
mi esposa de verdad,
a mi familia e hijos
los llegará a cuidar y criar.
Estoy seguro que así lo haría
porque es la esposa del militar.

SOY UN LÍDER MILITAR

Cultivo día a día el éxito en mis días
y propago e incentivo este estilo de vida.

No aplico las palabras
predico con el ejemplo mismo,
ya que esto arrastra
con voluntad y optimismo.

Trabajo con tesón
con esfuerzo y con amor,
 siempre pongo gran pasión
 a mi profesión.

Como líder militar
soñar es necesario,
pero es mucho más importante
pensar como visionario.

Conmino a mis compañeros
la subordinación y no la sumisión,
es un legado de abnegación,
que me ha dado mi institución.

La excelencia siempre prima
 en todo mi actuar,
esto siempre lo hago,
 porque soy un líder militar.

EL PASE DEL MILITAR

Recuerdo aquel día, luego de mi graduación,
como un militar, un profesional en aviación.
Jóvenes con ilusiones a cuestas,
la expectativa del primer PASE MILITAR.

Uno a uno se nombró
al lugar al que se debían presentar.
«Moreno: al Comando General».

Una sensación de tristeza y alegría a la vez,
al dejar al grupo de amigos
y hacer nuevos amigos otra vez.

Entre abrazos y buenos deseos,
los militares se despidieron al fin
porque la fecha hacia su nuevo destino
como militares debían cumplir.

Llegar al nuevo Reparto,
una experiencia sin igual,
La inducción se presentaba
y ahora sí a trabajar.

Entre la oficina, la guardia, los deportes,
y cómo olvidar, la preciada marcha militar,
mi mente, corazón y cuerpo,
en su nuevo Reparto se comenzaban a afincar.

Todo tipo de experiencias, buenas y malas a la vez,
eso es parte integral del PASE del militar.

Han transcurrido ya dos años
y se ha cumplido con la Ley de Personal.
La Fuerza Aérea me ha designado
a otra unidad militar.

Lo adquirido en este tiempo
en el Comando General,
los amigos, compañeros,
experiencias que jamás voy a olvidar.

La tristeza embarga mi alma
y la pena dejo notar,
con un brillo que envuelve mis ojos
el Reparto debo abandonar.

Esto no es un adiós,
es sólo un hasta luego
porque en la vida militar
en otros Repartos nos veremos.

Cuán difícil aceptar la vida del militar,
el PASE llega en forma súbita
y como un verdadero soldado
la orden superior debo aceptar:
acogerme y vivir
con el PASE del militar.

BUDDY

Al momento de iniciar la carrera militar
los apellidos comenzaron a ordenar.
Uno a uno a un cuarto se asignó:
Montoya- Moreno
en la pieza 29 se debieron alojar.

Personas extrañas entre sí, totalmente,
pero algo en común presentaban:
el objetivo en su corazón
era ser militar de profesión.

Los días transcurrieron y entre las actividades,
la terminología militar nos empezaba a gustar.
En la vida militar el instructor nos decía
«Siempre van y deben tener a su *buddy* militar».

En las buenas y en las malas,
en las clases y en instrucción militar,
en revista de villa y de armas cómo olvidar,
todo lo que al uno le sucedía,
ahí el *buddy* debía estar.

El *buddy* no sólo es el compañero,
es el amigo y el hermano también,
con quien en las buenas y en las malas
se ayudaban a pasarla bien.

Así transcurrió el tiempo.
durante la formación militar,
compartiendo con todos mis compañeros
la audacia que tiene el *buddy*,
el *buddy* del militar.

MI UNIFORME MILITAR

Recordar es volver a vivir y cómo en mi mente no revivir,
el orgullo que fue por primera vez vestir
mi uniforme militar.

Uno a uno el uniforme se fue entregando,
Montoya, Moreno, a los demás fueron llamando.
«Soy talla 40, mi Cadete»,
esto se dejaba escuchar en la bodega militar.

En mis manos un sueño hecho realidad:
tener la gran oportunidad,
de vestir mi uniforme militar.

El primero fue VERDE OLIVA, cómo lo voy a olvidar.
Entre pechadas, caminatas y corridas,
poco a poco lo comencé a querer más.

Al inicio el uniforme en cuerpo esquelético no se podía
apreciar,
poco a poco con esfuerzo y esmero,
en el cuerpo se empezó a moldear
mi uniforme militar.

Fue compañía en todo momento,
desde la mañana hasta el anochecer,

poco a poco se fue convirtiendo
en parte de mi piel.

Luego vino el KAKY, un poco más formal,
en las clases y en el rancho cómo lo voy a olvidar.
Botas charoladas, chapa brillante ya verás,
el uniforme moldeado al cuerpo
es el orgullo del militar.

El AZUL fue otra etapa
y el respeto crecía más,
al usar mi uniforme
y sentirme un militar.
El cielo ya lo tenía en mis manos,
eso siempre nos hará pensar,
cada vez que usamos el AZUL como uniforme militar.

Toda una vida ha transcurrido vistiendo mi uniforme militar.
desde el pase hasta el ascenso y en el castigo es igual,
diferenciándonos de otros compatriotas, de nuestra sociedad,
somos hombres con fortuna que la Patria nos legó
el usar nuestro uniforme con orgullo y pundonor.

Ese orgullo hoy se refleja en la misión del militar
usando este uniforme y por mi Patria debo vibrar,
lo llevaré hasta la muerte; sea en guerra o sea en paz
 pero nunca he de olvidar cuánto tiempo viví orgulloso,
de vestir mi uniforme militar.

MIS BOTAS MILITARES

Cada día al despertar
bajo mi litera siempre voy a encontrar
un par de botas negras.
Mis viejas botas de militar.

Recuerdo aquel día,
en que por primera vez me las dieron para usar,
rápidamente como me lo exigían,
 no las podía amarrar.

Poco a poco fui aprendiendo,
las mañas de amarrar,
entre caminatas, ejercicios
y hasta en el desfile militar.

Ellas son mis compañeras,
en todo momento y en cualquier lugar
y cuando me las voy a quitar,
lo que cumplí en mi día vuelvo a recordar.

Recordar con amor,
con gran pasión,
los momentos de satisfacción
que deja mi profesión.

Recordar el esfuerzo y sudor
que entrego en cada paso al caminar.
Oriente, costa y sierra
y hasta la región insular
mis botas han llegado a pisar.

Esto hace cada día,
meditar en todo militar
que el amarrarse las botas
es todo un ritual.

Siempre en la mañana,
practico mi ritual,
cada amarre que hago en mis compañeras,
a mi Patria aprendo a querer más.

EL CHAROL ES COMO MI ALMA

Siendo ahora todo un militar
hoy vuelvo a recordar
lo que al inicio
mis instructores
me supieron enseñar.

Escuchaba a menudo
«El charol es importante,
debe ser como un espejo.
Allí su instructor
verá su reflejo».

El charol va en las botas
y su brillo las denota.
El militar hace gala
de lo limpia
que es su alma.

El reflejo que produce
el charol bien pulido
muestra siempre pretendido
al militar que lo ha aprendido.

Es el alma lo que brilla,
el instructor lo replica.
Es ahí que entendí
que mi alma es lo que brilla.

EL ECO DE LA DESPEDIDA

Transcurrieron ya los años,
de una carrera iniciada
en mi Fuerza Aérea amada.
Entregué mi vida diaria.

Ser militar fue mi destino,
y vivir con gloria mi camino,
el uniforme azul porté
con orgullo y con cariñó

Mi uniforme lo lucí
con honor yo lo recuerdo,
cada día el usarlo
para mí fue con denuedo.

Mi uniforme tuvo el color
que caracteriza el límpido cielo
y mis insignias brillaban como el sol,
gracias a la pureza que llevo por dentro.

Mi cristina o boina
la llevé siempre ceñida
a mi frente siempre altiva
y a mi Bandera, honores le rendía.

Muchos años de servicio
entregué a mi Patria y Bandera
resguardando y patrullando
a mi soberana frontera.

Hoy la Patria me compensa,
muchas gracias por tu ofrenda,
el descanso es merecido
por todo lo que has vivido.

Hoy me abraza la tristeza
y estruja mi corazón
al pensar que hoy se aleja
lo que amé con devoción.

Ser militar fue lo que amé
ser caballero del aire lo que amo
y lo que siempre amaré
haber sido de la FAE un soldado.

Es el eco de la despedida
que retumba en mi corazón
el que siente tristeza y alegría
y no quiere entender la razón.

Me retiro muy altivo
con honor y dignidad,
ya llegó la despedida
de la vida militar.

DAMA Y CABALLERO DEL AIRE

Sin darme cuenta
que algún día alcanzaría una meta,
acudí tempranamente,
al llamado de mi fuerza.

Entre pruebas y ejercicios,
 mi juventud iba a cuesta,
todo fue tan duro, sí,
pero llegó a mí
¡Un sí como respuesta!

El calor de los abrazos,
el frío de las lágrimas,
envolvían el momento
 y la despedida se hizo amarga.

El lazo de familia me ataba,
pero la Patria,
desde el fondo de mi ser, clamaba.

El uniforme de fatiga
llegó a estar conmigo cada día
y la instrucción militar,
cada vez más me fortalecía.

Las tácticas y técnicas de combate las tenía.
Mi mente y mi ser
 en fusión lo sentían.

Llegó el juramento,
de defensa a mi Patria,
con honor y amor lo acepté
y empuñando con fuerza mi arma,
con mi Patria yo pacté.

 El cielo azul del infinito,
 me legaron cuidar,
es como al azul de mi fuerza,
que yo debo respetar.

Así llegó la meta tan deseada,
que siempre quise alcanzar,
en mi pecho impregnada el ala,
 y en mis hombros,
 las insignias de un/a militar.
Militar de casta azul,
 mujer y hombre del aire,
orgullosa/o me siento por ser
una dama y un caballero del Aire.

PILOTO DE COMBATE

«A VOLAR JOVEN»
fue mi ideal,
«LUCHANDO VENCERÁS»,
mi pasión,
«VENCER O VENCER»[5],
es todo en mi vida.

El linaje aéreo es la caza
y ser de FAE lo realza,
en el aire está el combate
y con mi avión hago de la guerra
¡un arte!

Una alerta y un SCRAMBLE[6]
«¡Torre! **VÍBORA**[7] está despegando».
En el aire están mis alas,
al nerviosismo y la velocidad del sonido
logro rebasarlas.

La pelea entra en auge
y mi ser adquiere más coraje
el enganche fue efectivo
y el misil dio en su objetivo.

---

5. Lemas utilizados por la Escuela Superior de Aviación "Cosme Rennella Barbatto" y las Alas de Combate No. 21 y 23
6. SCRAMBLE: Orden de salida para el avión de combate en una misión de defensa e interceptación.
7. VÍBORA: Nominativo de un piloto de combate.

Es un grito de combate
que en el infinito se debate,
la supremacía ha llegado
y el Ecuador ha triunfado.

Un respiro de victoria
de mi Patria es la gloria,
«¡Torre! **VÍBORA**
Autorice aterrizaje».
Mi ideal, mi pasión y mi vida:
la misión está cumplida.

INFANTE AÉREO

¡Oh! Infante aéreo
de la Patria tu vida es victoria.
El vivir y morir por ti es gloria,
Dios te guarde en su seno.

En la selva, en el mar y en el aire,
el infante a su Dios se encomienda.
Es león, espada y trinchera;
es guardián y excelencia total.

Tu boina la llevas por siempre,
azul como el límpido cielo.
En tu cien ajustada denota
gallardía y lealtad a la FAE.

Si pudiera algún día
encarar a la muerte,
Te pido mi Dios,
tenerla de frente
porque soy Infante Aéreo,
que su vida entregará por siempre.

¡Infante Aéreo, Fuerza Aérea, Ecuador!

SOLDADO DE PERSONAL

Soldado sin fusil,
soldado silencioso, en tiempos de paz,
que encara a la guerra con espíritu marcial;
eres tú soldado de personal.

Tu objetivo es mantener la moral
de las tropas cuando van a luchar.
Tu objetivo es fomentar
en cada guerrero su espíritu militar.

Pensar en la guerra cuando estás en la paz,
potenciando al ser humano
y que esté listo para luchar,
esta es tu labor primordial.
Ese eres tú caballero y dama del aire,
ese eres tú soldado de personal.

ESPECIALISTA SOY

Expresar los más altos niveles de conducta y disciplina aprendidos durante mi formación en la fuerza aérea ecuatoriana.

Superar todos los obstáculos que se me presenten con altivez, honradez y calidad profesional.

Participar activamente en el desarrollo diario de mi institución.

Edificar día a día la solidez de mis principios y virtudes militares.

Cimentar a cada paso de mi vida el espíritu de cuerpo hacia mis compañeros.

Identificar mis errores y corregirlos inmediatamente.

Aumentar mi fe y lealtad hacia mi institución.

Lograr que la lealtad se convierta en el dogma de mi obediencia.

Impregnar la iniciativa siempre en mi trabajo para el engrandecimiento de mi Fuerza Aérea.

Servir a la sociedad siendo esta mi mayor satisfacción.

Tener el tesón característico del soldado del aire, caballero de un gran corazón patriota.

Aceptar a mi Patria como a mi madre con infinito amor.

ESPECIALISTA, FUERZA AÉREA DEL ECUADOR.

¡ADELANTE PARACAIDISTAS!

Caminemos siempre altivos, camaradas paracaidistas.
Por nuestra legión que siempre conquista,
yo soy paracaidista.

Por nuestro emblema azul bandera
 por nuestra boina azul, quien hoy la lleva.

 Por nuestra historia,
que en verdad marcó gloria.

Por mi Dios que cuida mi vida
y en cada salto que hago
Él de mí, nunca se olvida

Por los saltos de un paracaidista
y por los saltos de aquellos que también lo harán,
que a la voz de «Siempre listos»
ellos estarán.

¡Siempre adelante **paracaidistas!**

RUGIR DE LOS MOTORES

El día empieza muy temprano, sí,
mi labor como técnico en mantenimiento de aviones
es mi vivir.

Los hangares son la antesala a la lid
y en la línea de vuelo los motores hago rugir.

La experiencia es importante, la agilidad es necesaria.
La rapidez es prioritaria y con la precisión,
los aviones están ¡listos para la batalla!

El tiempo es oro
y los segundos marcaron todo.
La alerta llegó
y todo en línea de vuelo se agitó.
El piloto en su cabina
 y el técnico con mucha adrenalina,
en sus manos está el chequeo
antes de la salida.

Los motores encender,
 es la orden esta vez.
Su rugir es como un león
y pensé «¡Ya está listo nuestro avión!»
Mi corazón tumbo a tumbo se agita
y la señal de «Listo» el piloto identifica.

Comprendí este sentir
y lo que es la fusión,
el piloto y su avión
 están listos para la acción.
Dejan raudos ya el silo[8]
y por la pista se ve elevar.
 Ahí va toda mi ilusión
como un técnico de aviación.

---

8. **SILO:** infraestructura para los aviones de combate, permitiéndoles reaccionar en forma inmediata para el combate.

22 ES MI UNIDAD

Pertenezco a una Unidad
unidad de Combate en la FAE.
Ahí se forjan los soldados,
los mejores en la Fuerza Aérea.
Guayaquil es nuestro lugar
importante para operar,
en minutos estamos cerca
siempre listos para rescatar.

Hay un día a la semana
y en equipo entrenamos,
ese día lo llamamos
«miércoles táctico».

Las salidas se programan
en equipos Dhruv o TH.
La misión es asignada
siempre listos para salir.

El lugar es zona roja,
donde las papas queman.
Un piloto abatido
a él debemos rescatar.
Ya mi sangre se acelera
una vida hay que salvar.
El piloto está confiado
que muy pronto hemos de llegar.

Ya en la línea de frontera
los pilotos toman posición.
El artillero no se queda
y los comandos entran en acción.

Ya en tierra aseguran la zona,
el piloto vuelve a respirar.
Los comandos la zona abandonan
y su lema se siente vibrar.

Soy un Ala de rescate
22 es mi Unidad
«PARA QUE OTROS PUEDAN VIVIR[9]»
este lema es mi ideal.

---

9. Lema internacional de Búsqueda y Salvamento.

CREDO DEL AVIADOR

Creo en los valores
que mi institución me ha inculcado
y estoy convencido que hacer de cada uno de ellos
 mi estilo de vida acrecentará mis virtudes
como caballero del aire.

«El deber es grato»
y como aviador,
trabajar al **servicio**[10] de la sociedad es nato.
 Esto lo haré siempre
 con la frente en alto.

La **integridad** primará siempre ante los demás,
siendo honesto y recto en mi diario accionar,
 en beneficio de la institución y del país,
 y aquello me hace ser más.

Alcanzar la **excelencia**
en todo lo que haga es mi reto
y por ello me esforzaré a cada momento.
Elevando así al sitial más alto a mi institución y a mi país,
volviendo a buscar el mismo reto.

---

10. Todas las palabras en negritas representan los valores de la Fuerza Aérea Ecuatoriana

Creo y practico los valores de mi institución.
Soy militar por devoción y no sólo por convicción.
Trabajo día a día con abnegación y amor
porque me siento orgulloso,
con mi profesión de aviador.

PENSAMIENTOS MILITARES

No soy militar sólo por convicción
¡Lo soy también por devoción!

A mi Patria entrego mi corazón
porque soy un aviador de profesión.

Ser caballero es mi distinción,
ser militar es un honor,
ser aviador es mi satisfacción
y cuando entro a la guerra
mi mente y cuerpo entran en acción.

Ser militar es un honor que cuesta
lealtad, servicio y hasta desinterés familiar.
La entrega a mi pueblo y a mi Patria
es lo que me caracteriza
y engrandece mi condición de militar.

Ser hombre y ser mujer es ser militar,
ser aviador es ser sagaz,
en la tierra se es un caballero y una dama
 y como un guerrero/a en la guerra voy a actuar.

BRINDIS DE LA FUERZA AÉREA

Brindemos en esta ocasión
por celebrar un año más de nuestra creación.
100 años de la fuerza aérea ¡Sí, señor!

Por sus hombres y mujeres muy audaces,
su seudónimo es ases.
El honor los hace
oficiales, aerotécnicos y servidores públicos muy capaces.

Brindo con ustedes, damas y caballeros,
y lo hago con gran aprecio y amor,
esperando que festejemos
nuestra dicha de ser de la Fuerza Aérea.
¡Sí, señor!

ANIVERSARIO FAE

Hoy mi alma se estremece
ya que puedo recordar
el inicio de existencia
de mi Fuerza como tal.

Una Fuerza joven en relación a las demás
es la tercera rama de FF. AA,
mi Fuerza Aérea Ecuatoriana
la mejor, esa es la verdad.

Fuerza Aérea de mi vida
en tu emblema está mi honor,
es tu escudo mi pasión
y tú color azul es mi razón.

Estuviste en Paquisha
y en el Cenepa, cómo olvidar,
con tu accionar excepcional
la gloria y el respeto
la Fuerza Aérea se la supo ganar.

Cada día que te veo
en lo alto a ti flamear,
oh, emblema Fuerza Aérea,
mi juramento vuelvo a recordar.

Respetarte y venerarte
así lo quise aceptar
en el día que alcancé
llegar a ser un militar.

Hoy exalto un nuevo aniversario
que en 2020 será,
dentro de tu historia sin igual.
100 años de trayectoria
escritos con gloria, honor y dignidad.

MI ESCUDO DE ARMAS

¡Oh, escudo de armas
de mi Patria el Ecuador
imponente es tu imagen,
distinguido por tu color!

Tu denotas gallardía
cuando te veo flamear
en mi bandera cada día
y mi corazón comienza a vibrar.

Tu composición es única
de entre otros escudos de armas.
Naciste en el tiempo,
buscando identidad.

Llegaste a existir
por el interés patrio
y llegaste a vivir
por el orgullo ecuatoriano.

Posees al Cóndor,
listo a su vuelo;
energía y esfuerzo
de todo nuestro pueblo.

Están a sus lados
el laurel y la palma,

son la esencia de la gloria y la paz
de mi Patria alcanzada.

Está el sol y el Chimborazo,
en lugar excepcional,
acompañan con su estirpe
al Río Guayas como tal.

Son así tus componentes,
15 en realidad,
que te hacen reluciente
y a mí un ecuatoriano de verdad.

CRISTIAN MORENO
(Quito, Ecuador, 1974)

Cristian Fabricio Moreno Proaño, nació
en Quito, el 1 de noviembre de 1974; es
el segundo hijo de una familia de cinco
hermanos; se graduó de militar el 27
de octubre de 1997. Ha trabajado en la
Fuerza Aérea Ecuatoriana como Jefe de
Personal. Actualmente es Mayor de la FAE,
especializado en Recursos Humanos.

Su afición por la escritura la ha tenido desde
muy joven y la ha ido perfeccionando con
el pasar de los años, hasta completar varios
escritos, como *Alas en el corazón*, libro de
poesía que narra circunstancias de la vida
militar, sensiblemente captadas por él.

ÚLTIMOS TÍTULOS PUBLICADOS

Las ruinas del fuego
(Pedro Valbuena)

Higthon
(E. Moncluth y F. Villaro)

Cuando tus ojos no ven
(Leonardo Vidal)

Luz en la oscuridad
(Virginia Mancebo)

Oscura vida de Gatribell
(Katherine Barra)

El forzado inicio de la era digital
(Carlos Cáceres)

Gritos en el silencio de la esposa de un pastor
(Olinka Córdoba)

Pisando serpientes
(Ricardo Celis)

El lado oscuro de la sombra y otros ladridos
(José Baroja)

La tierra que la vio nacer
(Jacqueline Hernández Medina)

Dios, la esencia y la verdad
(Liz Huerta)

Seúl: Diario de un amor
(Melina Fuenmayor Gotera)

EDIQUID

www.ingramcontent.com/pod-product-compliance
Lightning Source LLC
Chambersburg PA
CBHW051812130726
47987CB00003B/1219